Tu mundo

Chicle bomba

Suma y resta

Darlene Misconish Tyler, M.Ed.

Asesora

Lorrie McConnell, M.A.
Especialista de capacitación profesional TK–12
Moreno Valley USD, CA

Créditos de publicación

Rachelle Cracchiolo, M.S.Ed., *Editora comercial*
Conni Medina, M.A.Ed., *Gerente editorial*
Dona Herweck Rice, *Realizadora de la serie*
Emily R. Smith, M.A.Ed., *Realizadora de la serie*
Diana Kenney, M.A.Ed., NBCT, *Directora de contenido*
June Kikuchi, *Directora de contenido*
Caroline Gasca, M.S.Ed., *Editora superior*
Stacy Monsman, M.A., *Editora*
Michelle Jovin, M.A., *Editora asociada*
Sam Morales, M.A., *Editor asociado*
Fabiola Sepúlveda, *Diseñadora gráfica*
Jill Malcolm, *Diseñadora gráfica básica*

Créditos de imágenes: pág.5 Edward Parker/Alamy; pág.6 izquierda Granger,
NYC; págs.7 inferior, 11 inferior, 13 Cornell Capa/The Life Picture Collection/Getty
Images; pág.8 Bettmann/Getty Images; pág.9 Felix Choo/Alamy; pág.10 izquierda
studiomode/Alamy; pág.11 superior Borthwick Institute Heritage Images/Newscom;
págs.14, 15 winhorse/iStock; pág.16 Chip East/Reuters/Newscom; pág.17 Jochen Tack/
ImageBroker/Newscom; todas las demás imágenes de iStock y/o Shutterstock.

Library of Congress Cataloging-in-Publication Data

Names: Tyler, Darlene Misconish, author.
Title: Tu mundo : chicle bomba : suma y resta / Darlene Misconish Tyler.
Other titles: Your world, bubblegum. Spanish | Chicle bomba
Description: Huntington Beach, CA : Teacher Created Materials, [2018] |
 Audience: Age 8. | Audience: K to grade 3. | Includes index. |
Identifiers: LCCN 2018007593 (print) | LCCN 2018010045 (ebook) | ISBN
 9781425823252 (ebook) | ISBN 9781425828639 (pbk.)
Subjects: LCSH: Bubble gum--Juvenile literature. | Chewing gum--Juvenile
 literature.
Classification: LCC TX799 (ebook) | LCC TX799 .T9518 2018 (print) | DDC
 641.3/38--dc23
LC record available at https://lccn.loc.gov/2018007593

Teacher Created Materials

5301 Oceanus Drive
Huntington Beach, CA 92649-1030
www.tcmpub.com

ISBN 978-1-4258-2863-9

Contenido

¡Pum!

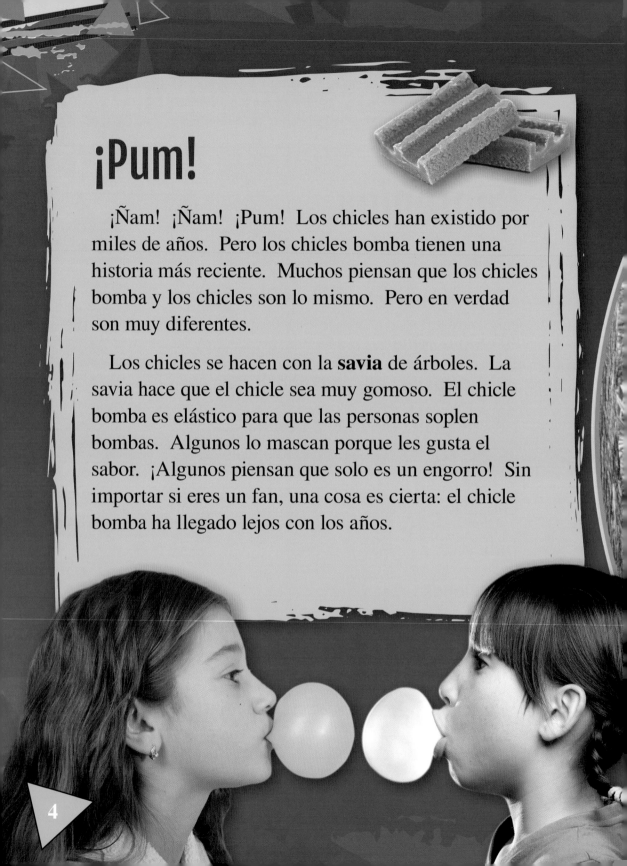

¡Ñam! ¡Ñam! ¡Pum! Los chicles han existido por miles de años. Pero los chicles bomba tienen una historia más reciente. Muchos piensan que los chicles bomba y los chicles son lo mismo. Pero en verdad son muy diferentes.

Los chicles se hacen con la **savia** de árboles. La savia hace que el chicle sea muy gomoso. El chicle bomba es elástico para que las personas soplen bombas. Algunos lo mascan porque les gusta el sabor. ¡Algunos piensan que solo es un engorro! Sin importar si eres un fan, una cosa es cierta: el chicle bomba ha llegado lejos con los años.

Este hombre hace cortadas en el árbol para obtener savia.

La maravilla de Walter

A comienzos del siglo xx, el chicle se vendía en la mayoría de las tiendas. A muchos les gustaba el dulce. Pero era pegajoso, muy pegajoso. Se pegaba a las manos y a la ropa de la gente. ¡Hasta se pegaba en los labios!

Los trabajadores de Fleer Corporation intentaban encontrar una manera de hacer un chicle fabuloso. Un hombre llamado Walter Diemer trabajaba allí. No era inventor. Pero Walter quería ayudar. Trabajó por más de un año en nuevas **recetas** de chicle. Un día, hizo la **tanda** perfecta. El chicle no era demasiado pegajoso y se podía estirar más que el anterior.

Un trabajador introduce chicle bomba en una máquina para aplanarlo.

Una niña sopla una bomba gigante en 1959.

Sopladores de bombas

Gilbert Mustin estaba a cargo de Fleer. Llamó al chicle nuevo Dubble Bubble®. Antes, ¡nadie había podido soplar una bomba con chicle! Era una idea nueva. De hecho, Walter tuvo que enseñar a los vendedores a soplar bombas para que pudieran vender el chicle.

A las personas les encantaba el Dubble Bubble. No era pegajoso como el chicle anterior. ¡Y ahora podían soplar bombas enormes! Otras compañías copiaron la receta de chicle de Walter. En pocos años, hubo muchas marcas de chicle para elegir.

Fleer Corporation creció muy rápido gracias a Dubble Bubble. Walter tuvo que enseñar a más y más vendedores a soplar bombas. Supón que los conjuntos de diez muestran a cuántas personas enseñó Walter el lunes y martes.

Lunes

●	●	●	●	●
●	●	●		

Martes

●	●	●	●	●
●				

1. ¿A cuántas personas enseñó Walter cada día?
2. ¿Qué día Walter enseñó a más personas?
3. ¿A cuántas personas enseñó Walter en total?
4. ¿A cuántas personas más enseñó Walter el lunes que el martes?

Los paquetes de Dubble Bubble vienen con historietas.

¿Por qué rosa?

Actualmente, la mayoría de los chicles bomba son rosados. Eso también se lo debemos a Walter. Cuando hizo su tanda final de chicle, buscó una manera de hacerla destacar. Walter tomó una botella de colorante alimentario, que es un líquido para **teñir** cosas de algún color. La única botella que encontró era rosa. A Walter no le importó. ¡Su color favorito era el rosa! Cuando otras compañías fabricaron sus chicles, también usaron el color rosa.

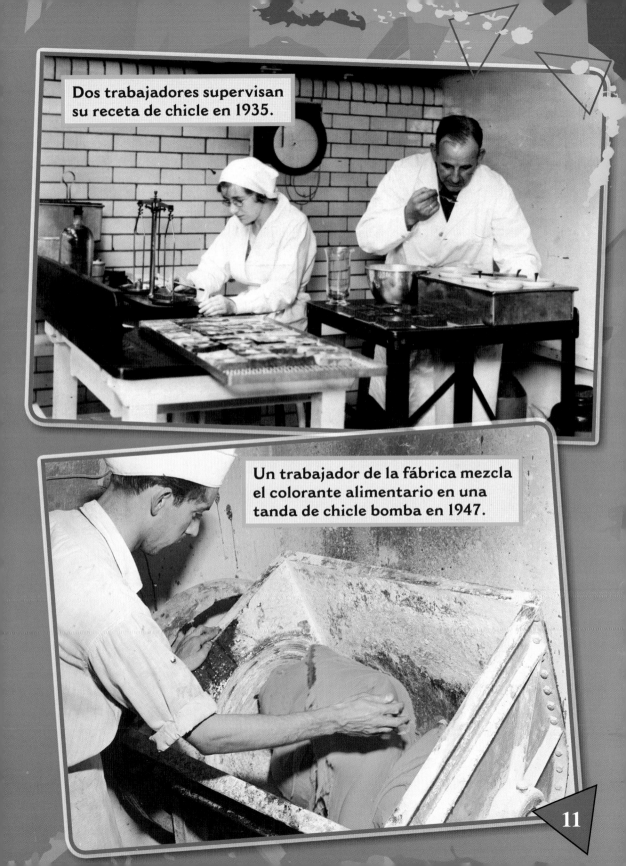

Dos trabajadores supervisan su receta de chicle en 1935.

Un trabajador de la fábrica mezcla el colorante alimentario en una tanda de chicle bomba en 1947.

Ámalo u ódialo

Los chicles buenos eran difíciles de encontrar. Pero ahora se venden en la mayoría de los países. Las personas adoran mascar este dulce gomoso. Un estadounidense promedio masca una libra de chicle por año. Eso puede parecer mucho. Pero en todo el mundo, se mascan más de cien mil toneladas de chicle por año. ¡Todo ese chicle pesa como 20,000 elefantes! ¡Eso sí es mucho chicle!

Imagina que trabajas en una tienda de dulces. Llevas el control de cuánto chicle vendes.

1. En una semana, vendes 4 paquetes de chicle por día durante 4 días. ¿Cuántos paquetes de chicle vendes? Explica tu estrategia para hallar la solución usando palabras, números o imágenes.

2. La semana siguiente, tu objetivo es vender 20 paquetes de chicle. ¿Cuántos paquetes más que la primera semana es esto?

Niños se empujan para comprar chicle bomba en 1947.

No todos son fanáticos del chicle bomba. En 1987, se construyó un nuevo sistema de **metro** en Singapur. Las personas que mascaban chicle lo dejaban en los asientos y en las puertas de los trenes. Esto volvía locos a los líderes del país. Por eso aprobaron una ley que **prohibió** la venta de chicle. Actualmente, allí solo se vende chicle que sirve para mantener los dientes limpios. Pero los compradores deben primero registrar su nombre y mostrar su identificación.

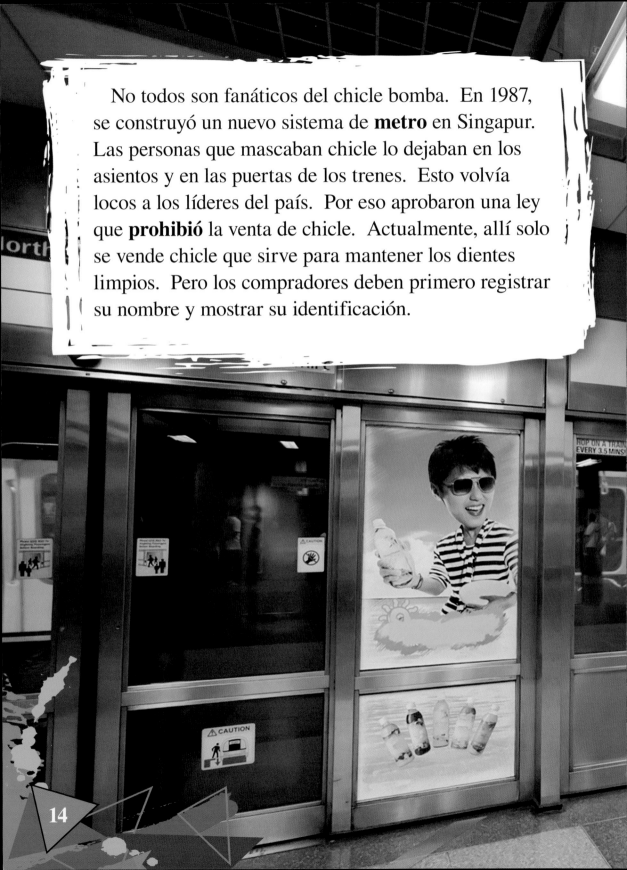

Algunas personas escupen el chicle en el suelo o lo pegan bajo la mesa cuando terminan de mascarlo. Cuesta unos 3¢ hacer una barra de chicle, pero 10¢ limpiarlo.

1. ¿Cuántas veces más cuesta limpiar 1 chicle que hacer 1 barra de chicle?

2. ¿Qué cuesta más: limpiar 2 chicles o hacer 6 barras de chicle? ¿Por cuánto?

metro de Singapur

Un hombre mide la bomba de una niña en un concurso.

¡Diversión con chicle bomba!

Ámalo u ódialo, pero el chicle bomba llegó para quedarse. Muchas personas intentan ver quién puede soplar la bomba más grande. Se organizan concursos de chicle bomba cada año en ferias estatales y escuelas. El récord mundial se fijó en 2004. Tenía 20 pulgadas (51 centímetros) de anchura.

Muchas personas han intentado batir el récord. Pero hasta ahora, nadie ha podido.

A Simón le gusta competir en concursos de soplar bombas. Está practicando para un gran concurso el próximo fin de semana.

1. Imagina que Simón sopla 4 bombas. Sus bombas tienen 3 pulgadas, 6 pulgadas, 5 pulgadas y 2 pulgadas de anchura. ¿Cuál es la anchura total de las bombas de Simón?

2. Ayer, Simón sopló una bomba que tenía 18 pulgadas de anchura. Hoy, Simón sopla una bomba que tiene 10 pulgadas menos que la que sopló ayer. ¿Qué tan ancha es la bomba que sopla hoy?

Un grupo de personas intenta soplar la bomba más grande.

El chicle bomba puede ser divertido. Pero también te ayuda de maneras que no te imaginas.

¿Alguna vez has tenido hambre pero debías esperar al almuerzo? Intenta mascar un chicle. Mascar chicle hará que tu cerebro piense que estás comiendo. Incluso puede hacer que tu estómago deje de gruñir hasta que comas.

¿Tienes un examen pronto? Se sabe que algunas escuelas permiten que los niños masquen chicle durante exámenes importantes. Mascar chicle ha demostrado ayudar a las personas a concentrarse.

Este niño desea que el almuerzo llegue pronto.

Mascar chicle puede ayudar de otras maneras. Puede impedir que llores al cortar una cebolla. Algunos creen que funciona porque el sabor del chicle es más fuerte que el de la cebolla. Otros piensan que te hace respirar por la boca y no por la nariz. Sin embargo, otros creen que todo está en tu cabeza. Si piensas que impedirá que llores, así será.

Mascar chicle sin azúcar después de las comidas también mantendrá tus dientes fuertes. El chicle hace que tu boca genere más saliva. Esto limpia cualquier resto de comida atascado entre los dientes. ¡Y también mantiene tu aliento fresco!

Una dentista muestra a un paciente una radiografía de sus dientes.

21

Mascar chicle puede tener muchos **beneficios**. Pero también puede causar algunos problemas. Imagínate que soplas una bomba enorme. Se hace cada vez más grande. De golpe, ¡la bomba explota! Hay chicle por todos lados. ¡Incluso en tu cabello! ¿Qué puedes hacer?

Hay una forma segura de quitar el chicle de tu cabello, pero puede ser algo sucia. Frota crema de cacahuate sobre el chicle. Luego, espera unos minutos. ¡El aceite de la crema de cacahuate ayudará a quitar lo pegajoso del chicle!

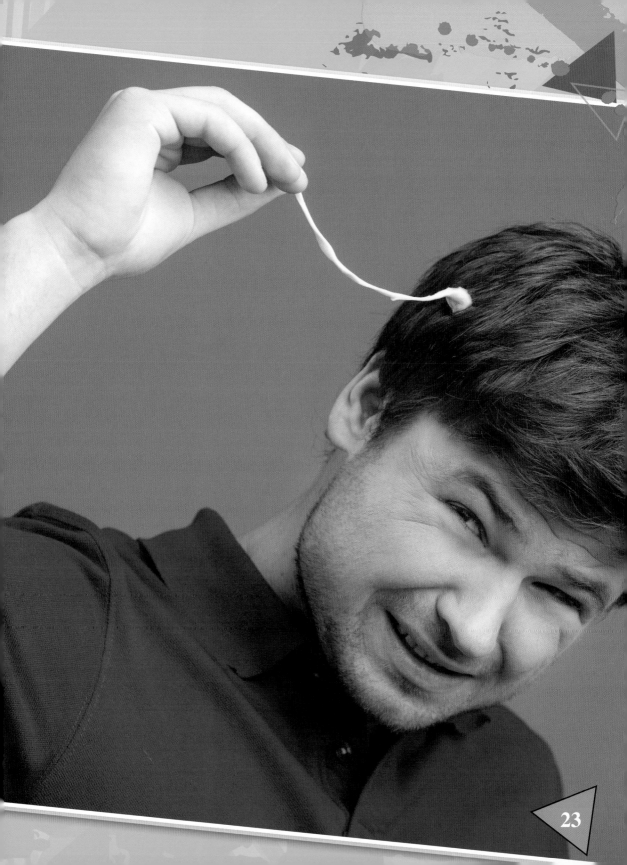

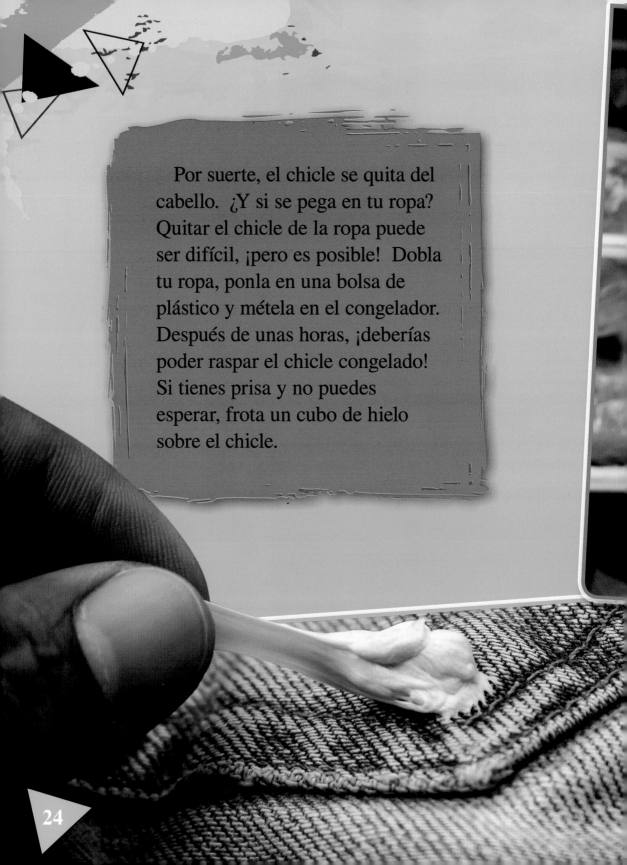

Por suerte, el chicle se quita del cabello. ¿Y si se pega en tu ropa? Quitar el chicle de la ropa puede ser difícil, ¡pero es posible! Dobla tu ropa, ponla en una bolsa de plástico y métela en el congelador. Después de unas horas, ¡deberías poder raspar el chicle congelado! Si tienes prisa y no puedes esperar, frota un cubo de hielo sobre el chicle.

El chicle en este par de *jeans* debería salir después de algunas horas en el congelador.

En compañía del chicle bomba

Una vez que hayas limpiado el desastre, hay muchas formas de disfrutar el chicle. Puedes mascarlo, soplarlo o reventarlo. Tal vez quieras fijar un récord mundial. Tal vez quieras quitarte un mal sabor de la boca. O quizás solo quieras mascarlo por diversión. No importa lo que hagas, cómo te sientas o adónde vayas, ¡el chicle bomba estará ahí para acompañarte!

⚙️ Resolución de problemas

Soplar bombas no es el único concurso para amantes del chicle. El *Chomp Title* es para la persona que masca la mayor cantidad de chicles bomba durante más tiempo. El actual campeón de *Chomp Title* es Richard Walker. ¡Mascó 135 chicles bomba durante 8 horas!

Imagina que Alexis está compitiendo en un concurso en su escuela. Quiere obtener el *Chomp Title*. Hay tres rondas. En la primera ronda, ella masca 10 chicles durante 4 horas. En la siguiente ronda, masca 6 chicles durante 4 horas. En la tercera ronda, masca 4 chicles durante 4 horas. Responde las preguntas para resumir su actividad de mascado.

1. ¿Cuántos chicles más mascó Alexis en la ronda 1 que en la ronda 2?

2. ¿Cuántos chicles menos mascó Alexis en la ronda 3 que en la ronda 2?

3. ¿En qué ronda mascó más chicles? ¿Cómo lo sabes?

4. ¿Cuántos chicles en total mascó Alexis en las 3 rondas? Explica tu estrategia usando palabras, números o imágenes.

5. ¿Durante cuántas horas en total masca chicle Alexis? ¿Cuántas horas más o menos que Richard son?

Glosario

beneficios: buenos resultados o efectos

metro: un sistema de trenes subterráneos

prohibió: ordenó a las personas que no usaran o hicieran algo

recetas: conjuntos de instrucciones para hacer algo

savia: el fluido acuoso que sale del interior de las plantas

tanda: un grupo de cosas que se hacen al mismo tiempo

teñir: cambiar el color de las cosas

Índice

Soluciones

Exploremos las matemáticas

página 9:

1. Lunes: 8 personas; Martes: 6 personas
2. Lunes
3. 14 personas
4. 2 personas

página 13:

1. 16 paquetes de chicle; las estrategias variarán, pero pueden incluir el uso de ecuaciones, disposición en filas y columnas, o conjuntos de diez.
2. 4 paquetes de chicle más

página 15:

1. 7¢ más
2. Limpiar 2 chicles cuesta 2¢ más que hacer 6 barras de chicle.

página 17:

1. 16 in
2. 8 in de anchura

Resolución de problemas

1. 4 chicles más
2. 2 chicles menos
3. ronda 1: Las respuestas variarán, pero pueden incluir que mascó 10 chicles en la ronda 1, y 10 es más que 6 (ronda 2), y 10 es más que 4 (ronda 3).
4. 20 chicles en total; las explicaciones variarán, pero pueden incluir el uso de ecuaciones, conjuntos de diez o bloques.
5. Alexis masca chicle durante 12 horas en total. Masca 4 horas más que Richard.